PARABOLES
et
FARIBOLES

Ouvrages de Jacques Loew.

Les dockers de Marseille, *Economie et Humanisme.*
En mission prolétarienne, *Les Editions Ouvrières.*
Journal d'une mission ouvrière, *Le Cerf.*
Si vous saviez le don de Dieu, *Le Cerf.*
Comme s'il voyait l'invisible, *Le Cerf.*
Dans la nuit j'ai cherché, *Le Cerf.*
Ce Jésus qu'on appelle Christ, *Fayard.*
Dynamique de la foi et Incroyance, *Le Cerf, en collaboration avec M. M. Cottier.*
A temps et à contre-temps, *Le Cerf, en collaboration avec Y. Congar et R. Voillaume.*
La prière à l'école des grands priants, *Fayard.*
Vous serez mes disciples, *Fayard-Mame.*

Ouvrages de Jacques Faizant.

Romans :

Allez vous rhabiller, *Calmann-Lévy.*
Ni d'Eve, ni d'Adam, *Calmann-Lévy.*
Rue Panse-Bougre, *Calmann-Lévy.*
Au Lapin d'Austerlitz, *Calmann-Lévy.*
Albina et la bicyclette, *Calmann-Lévy.*
Oublie-moi mandoline, *Calmann-Lévy.*
Albina roule en tête, *Calmann-Lévy.*

Dessins :

Les vieilles dames et les hommes, *Denoël.*
Les vieilles dames et les loisirs, *Denoël.*
Vive la Marine, *Denoël.*
Allons-y à pied, *Denoël.*
Objectif Mars, *Denoël.*
Pouce ! *Denoël.*
L'œil à la main, *Stock.*

JACQUES LOEW
JACQUES FAIZANT

Paraboles et Fariboles

Fayard

Mode d'emploi

Ne pas tout regarder d'un coup.
Ne pas dépasser la dose prescrite.
Un ou deux comprimés, une fois par jour.

La  *représente ce que le Christ faisait pressentir à la Samaritaine quand il lui disait : « Si tu savais le don de Dieu. » Le lecteur traduira « espérance », « grâce », « promesse »...*

Les deux Jacques

Projet personnel

Quand les ingénieurs construisent un barrage, le torrent de montagne qui bondissait au caprice des flots et des pierres ne comprend plus et se fâche.
Sa spontanéité sauvage, qu'en fait-on ? Que devient-elle maintenant qu'elle se heurte au mur de béton ?

Peu à peu, cependant, la masse d'eau devient lac paisible, alimente les turbines, donne lumière, vie, force.

Et chacun des ruisseaux qui descendait de la montagne s'est enrichi de leur efficacité commune.

Il faut aller plus loin. Pour qu'une région soit électrifiée — christianisée — il ne suffit pas que l'eau accepte de ne plus être cascade sauvage. Elle doit, disent les techniciens, passer, s'engouffrer dans une « conduite forcée » qu'elle n'a pas choisie.

Au terme, elle rejaillira, puissamment bondissante, et ses gouttelettes d'écume, à la manière d'un Niagara, échappent à la pesanteur.

Chrétiens, continuerons-nous à réclamer la spontanéité de notre « projet personnel » pour faire tourner notre petit moulin à nous ?

Ou, faisant monter le niveau du barrage, serons-nous générateurs de lumière pour la multitude ?

Démon muet

Saint François de Sales avec son lièvre de montagne, aux pattes plus courtes d'un côté, pour mieux courir à flanc de coteau, n'est sans doute pas un grand naturaliste, mais un sage et un saint.

Lorsque le loup, dit-il, veut emporter une brebis, il se garde bien de l'attraper par les pattes : la brebis crierait et le berger viendrait la défendre.

Astucieux, le loup saisit la brebis à la gorge, étouffant ainsi ses appels. Et il l'emporte, le plus tranquillement du monde.

Certains démons de l'Evangile parlent et se remuent beaucoup.

Mais il est question aussi du « démon muet » qui nous prend à la gorge, nous empêche de parler... et nous dépèce à coup sûr.

« Je n'ai pas osé parler », « Je ne savais pas à qui m'adresser », « ça me restait dans le gosier ».
C'est ce que disait autrefois l'homme reculant devant l'aveu de sa faute, mais se reconnaissant pécheur.

Le même homme, aujourd'hui, proteste de son innocence : « On m'a culpabilisé. » Il n'est pas loin de la névrose. Le « démon muet » sournoisement l'emporte.

Il ignore qu'en christianisme, l'agneau est vainqueur.

Le trésor de ton cœur

« Le royaume des cieux est semblable à un trésor qui était caché dans un champ. L'homme qui l'a trouvé, le recache et s'en va, ravi de joie, vendre tout ce qu'il possède et achète ce champ. »

Le champ qui contient le trésor incomparable, c'est ton propre cœur. Dieu y est enfoui. Mais il ne se livre que si, dans ta joie, tu lui donnes tout.

Trois axiomes du Moyen Age

Il faut les dire en latin.
Ils sont intraduisibles.
Leur sagesse est inépuisable.
Ils sont l'évidence même.
Et des guides sûrs.

« *Quidquid recipitur, ad modum recipientis recipitur.* »

« Tout récipient donne sa forme à ce qu'on lui verse. »

Ce que nous captons, nous l'adaptons à notre forme, le contraignant à entrer dans notre moule.

Si nous sommes sac, nous ne connaîtrons jamais le goût du champagne.

Si nous sommes bouteille, celui des pommes.

Don Juan ne croira jamais à la chasteté des moines.

« *Bonum ex integra causa, malum ex quocumque defectu.* »

« Une chose, un être n'est bon véritablement que s'il correspond à son intégrité naturelle et fondamentale. »

Une seule épingle dans un coussin empêche de s'asseoir.

« *Verum sequitur esse rerum.* »

A un clou peint sur un mur, on n'accrochera jamais qu'un manteau également peint sur le mur.

Réalisme ou idéalisme.

Ne dites pas : « Ce n'est que cela ! » Appliquez ces axiomes. Ils vous mèneront plus loin que vous ne le pensez.

Le tisserand

Ce tisserand,
ce métier à tisser rudimentaire,
ces quelques branchages, ces pauvres cordelettes
et ces bouts de ficelles avec leurs nœuds et qui
doivent casser souvent !

Que d'entreprises semblables dans nos vies :
mal accrochées, tenant on ne sait trop comment,
nos grosses ficelles et leurs nœuds !

Et pourtant, si nous avons la patiente ténacité de cet homme, le tissu se noue, devient pièce d'étoffe solide et belle. Et la joie l'accompagne.

Nos vies aussi semblent faites de morceaux mal agencés, mais le tisserand, là, est Dieu...

Et la joie sera à la mesure de la démesure entre la pauvreté de l'outil et la splendeur de l'œuvre.

Le pauvre

Le pauvre, la Bible ignore ce mot global et abstrait, mais elle multiplie les images concrètes pour le décrire.

Elle le personnalise : le maigre, le chétif, l'inassouvi, l'indigent, le courbé, le criant au secours.

Aujourd'hui, le pauvre ? Celui qui écoute toujours et que personne n'écoute.

Depuis son enfance : il écoute... Le maître d'école, le curé, le docteur, le contremaître, le capitaine, l'assistante-sociale, le feu rouge et le feu vert, le journal. Et le soir, quand il rentre à la maison, il écoute la radio...

Seule, la patronne du bistrot offre une oreille complaisante à ses dires. Il devient quelqu'un.

Si nul ne l'écoute, comment comprendrait-il le mot du Psaume :

« Le pauvre a crié :
Dieu l'écoute. »

Emigré ou marcheur

Une décision contraire à tout ce que tu penses, à tout ce que tu voudrais — idiote, bien sûr ! — t'est imposée.

N'aie donc pas, en face d'elle, une attitude d'émigré. Qui pense qu'il n'y a rien à faire tant qu'on ne reviendra pas à ce qui existait chez lui, dans son pays, « avant ».

Ne dis pas : « C'est fini. On ne peut plus avancer. »

Dis plutôt : « Je ne vois qu'un moyen de savoir jusqu'où l'on peut aller : c'est de se mettre en route et de marcher. » (Bergson.)

STOP
PASSAGE
IMPOSSIBLE

STOP
PASSAGE
IMPOSSIBLE

Atterrissage sans visibilité

C'était en avion de Genève à Paris, un bien court trajet. A Genève, le ciel était bas, il pleuvait. En quelques instants, l'avion s'était élevé au-dessus d'une mer de nuages épaisse. On était en plein soleil.

L'atterrissage avait été annoncé, mais tardait à venir. En revanche, le soleil se trouvait tantôt à droite, tantôt à gauche, tantôt devant, tantôt derrière comme pour mieux se faire voir sous tous ses angles et les nuages également éblouissants de lumière ou chargés d'ombre.

Visiblement, on ne descendait pas et l'on semblait jouer avec ces cumulus bosselés, dignes d'un manuel de météorologie.

Enfin, l'avion plonge dans cette nuée, un brouillard à couper au couteau, d'une densité peu commune. Il avance en aveugle dans cette ouate épaisse et de plus en plus sombre.

Et, sans la moindre éclaircie, sans la moindre visibilité, tout d'un coup, à quelques mètres en-dessous, surgissent les lignes de la piste d'atterrissage.

On était arrivé dans ce brouillard au centimètre exact où l'avion devait se poser, par un atterrissage sans visibilité, guidé par je ne sais quelles ondes hertziennes, conduit au point exact dans une non-vision complète.

Ainsi, la foi. Elle nous conduit au point exact et merveilleux dans une non-vision totale.

Ainsi, l'Ancien Testament qui paraît si obscur avant que le Christ apparaisse soudain.

Axé, désaxé

Pour qu'une roue tourne rond,
il ne suffit pas qu'elle soit parfaitement
circulaire : il faut qu'elle soit bien axée.

Une équipe évangélique, un groupe chrétien, une communauté ne tournent rond que centrés sur Jésus-Christ : la pauvreté, le dévouement, voire l'évangélisation, ont vite fait d'engendrer des chrétiens désaxés.

Et plus encore, si, au lieu d'être une modeste roue de vélo, ce sont des moteurs tournant à 10 ou 20 000 tours.

Etre axé sur Jésus-Christ ? Que « par lui, avec lui, en lui, tout honneur et toute gloire » soit la référence et le paramètre de toute action.

« Petits enfants, méfiez-vous des idoles. »

Rayons et jante

Et puisqu'on parle de bicyclette, il ne faut oublier ni les rayons ni la jante.

Les rayons ? Chacun de nous. Solidement rivés au moyeu, nous partons de ce centre commun et allons en divergeant. C'est notre nature et notre richesse.

Mais inutilisables tant qu'une jante ne vient unir nos différences et les assembler.

La jante indispensable et que nous fuyons toujours : l'équipe, la communauté, l'Eglise.

La charge creuse

Pour aller à la chasse aux grives ou aux lapins, que faut-il d'autre qu'un fusil avec de bonnes cartouches ? Les multiples plombs, en se dispersant, donneront leur chance aux tireurs les moins adroits.

Mais qui prétendrait avec cet équipement percer les blindages des chars et les carapaces de béton des guerres actuelles ?

L'Evangile, aujourd'hui, est affronté aux aciers inoxydables et aux murs épais de l'athéisme.

Où sont-ils les incroyants d'antan à qui (pensions-nous !) trois ou quatre de nos « bonnes paroles » suffisaient pour leur mettre « du plomb dans l'aile » ?

Les militaires, entre-temps, ont inventé la *charge creuse :* au lieu de disperser des projectiles, la charge explosive, concentrée à l'extrême sur un seul point, traverse l'obstacle, flamme de feu qui perce et fond les blindages pour pénétrer au-dedans.

Pour atteindre un esprit d'homme, mille raisonnements ne sont que grains de plomb sur peau d'hippopotame.

Mais qui dira la puissance *d'une* conviction unique et brûlante, partie d'un cœur, centrée sur Dieu ? Elle, seule, charge creuse, traversant la double épaisseur de celui qui parle et de celui à qui l'on s'adresse, est capable de parler aux cœurs incrédules.

Comment faire boire un âne qui n'a pas soif ?

Comment faire boire un âne qui n'a pas soif ? Et comment, toute révérence gardée, donner la soif et le goût de Dieu aux hommes qui l'ont perdus ? Et qui se contentent du pastis ou du whisky, de la télé ou de l'auto ?

Des coups de bâton ? Mais l'âne est plus têtu que nos bâtons. Et cette méthode ancienne est déclarée trop directive par les éducateurs d'aujourd'hui.

Lui faire avaler du sel ? Pire encore et qui relève presque des tortures psychiatriques.

Comment donc faire boire cet âne en respectant sa liberté ?

Une seule réponse : trouver un autre âne qui a soif... et qui boira longuement, avec joie et volupté, au côté de son congénère. Non pas pour donner le bon exemple, mais parce qu'il a fondamentalement soif, vraiment, simplement soif, perpétuellement soif.

Un jour, peut-être, son frère, pris d'envie, se demandera s'il ne ferait pas bien de plonger, lui aussi, son museau dans le baquet d'eau fraîche.

Des hommes ayant soif de Dieu, plus efficaces que tant d'âneries racontées sur lui.

Mer agitée, mer polluée

Les Hébreux n'étant pas grands navigateurs voyaient, dans la mer et ses flots, le symbole des instabilités du monde.

Pris dans les bourrasques, les ouragans, les cyclones qui l'assaillent à certains jours, ballotté à la dérive, dans la ténèbre d'un ciel sans soleil ni étoiles, l'homme perd pied, perd cœur, perd espoir. Sa ligne d'horizon chavire.

Rien n'est cependant perdu. Les vagues furieuses ne sont pas éternelles, le tourbillon cesse. Les tempêtes qui agitaient la mer, les marées qui la soulèvent, n'empêchent pas l'océan de redevenir lui-même, paisible et lumineux. L'homme reprend sa route.

Mais la Bible ignorait les pétroliers. Quand la mer a été polluée par le mazout d'un navire naufragé, l'eau salie en elle-même, dénaturée, est porteuse non plus de vie mais de mort.

« Ce n'est pas ce qui vient du dehors qui souille l'homme, mais ce qui sort de son cœur » disait Jésus. Heureuse alors la tempête extérieure, seule capable de disperser la marée noire et visqueuse où nous nous sommes, pauvres mouettes, englués.

La Belle au Bois Dormant

Rien ne bougeait plus dans le château enchanté. L'horloge et le feu immobilisés, le courant d'air lui-même figé entre porte et fenêtre.

La princesse et ses suivantes endormies avec, sur leurs lèvres, le dernier sourire ou la dernière moue dépitée.

Les mots du poète « tel qu'en un instant, l'éternité le change » flottaient doucement dans l'air.

A l'entour du château, la vie semblait s'être rattrapée : arbres, taillis et ronces avaient rendu l'accès infranchissable.

Par quel sortilège le prince charmant avait-il pu passer ? Celui-là à qui, disait-on, la mer et le vent obéissent ?

Mais ce passage — les savants disent une Pâque — n'était que présage du baiser apportant à tous « la vie, le mouvement et l'être ».

Ce baiser du Christ — aux petits enfants innocents, mais à Judas aussi — le baiser du Père à son enfant prodigue, voilà ce qui rend vie à la Belle au Bois Dormant de l'humanité au cœur appesanti.

« Crée en moi un cœur pur » dit le Psaume. Le verbe est à prendre à la lettre : ce réveil est création, re-création, résurrection.

Méfie-toi de tes gorilles

Nos grands chefs aiment prendre des « bains de foule », mais combien de gorilles autour d'eux ?

Et toi qui te moques de ces simagrées, as-tu recensé tes gorilles personnels ?

Ils te laissent gentiment croire que tu-es-tout-à-tous, te protégeant si bien, au contraire, contre ce qui te dérangerait pour de bon.

Un seul vrai « bain de foule », celui du Christ qui te dit de donner une heure à qui te demande trente minutes et cent francs à qui en voudrait cinquante.

Méfie-toi de tes « gorilles », adaptés bien sûr à ta modeste condition d'humble piétaille.

Des mini-gorilles.

Des ouistitis peut-être.

Pyramide et pointe

« Soldats, du haut de ces pyramides, quarante siècles vous regardent. » Il ne croyait pas si bien dire, le frêle général Bonaparte... Pourquoi donc Napoléon devenu empereur bedonnant n'a-t-il point gardé en mémoire cette parole historique ?

Car le propre d'une pyramide, bien d'aplomb sur sa base, est de défier les siècles du haut de son sommet.

Et Napoléon s'est obstiné à renverser les pyramides pour les faire tenir debout sur leur pointe : lui-même évidemment !

De Jules César à... la fin du monde, quel grand homme n'a essayé ce truc ? Une pyramide, la tête en bas. Cela marche bien sur le papier, les bureaux de dessin, les ministères et la propagande. Et même, cela plaît toujours durant quelque temps aux hommes.

La réalité est vite moins brillante. Une pyramide sur sa pointe ne tient qu'avec une police bien musclée. Jusqu'au jour où tout s'écroule...

Si l'Eglise doit défier les siècles selon ce qu'en a dit Jésus-Christ, veillons aux règles de la géométrie.

Au ras des pâquerettes, la base vivante, c'est le Peuple de Dieu et ses communautés aux responsabilités étagées. En haut, la hiérarchie non moins nécessaire.

L'effort de Vatican II et de Paul VI ? Remettre la pyramide dans son bon sens. Décentraliser, élargir la base pour recentrer autour de Jésus-Christ « pierre d'angle ».

Cou-cou - Cou-cou

Ayant entendu chanter le coucou des bois, un artisan astucieux construisit l'horloge rustique du même nom.

A dix heures, midi, minuit, la porte s'ouvre, l'oiseau lance (ressemblance garantie) son « cou-cou, cou-cou » et rentre tout content dans son chalet.

Qui peut, à les entendre, discerner le vrai du faux coucou ? Mais tandis que l'oiseau du carillon, de son même perchoir, redit toujours la même chose, le coucou des forêts, lui, vole d'arbre en arbre, cherche sa nourriture et chante quand il lui plaît, pour charmer son épouse.

En prenant de l'âge, les plus spontanés deviennent facilement coucous d'horloge, quelque peu radoteurs.

Mais combien d'autres, leur vie durant, n'ont fait que répéter à satiété le déjà-entendu-ailleurs ?

Il y a beaucoup de carillons pour un seul créateur.

L'idée neuve devient slogan et chacun croit chaque fois l'avoir inventée : cou-cou..., cou-cou..., cou-cou...

Conscientiser

« Conscientiser », un beau mot natif d'Amérique latine : faire surgir la conscience qu'un homme a de lui-même, lui révéler son être propre et profond, le trésor inconnu, enfoui qu'il porte en son cœur.

Cette église du silence qu'il était, faire qu'elle devienne, à l'image de Dieu, personne autonome, parlante, agissante, choisissante et, pourquoi pas, priante. « Et Dieu vit que cela était bon, très bon. »

Mais, intellectuels conscientiseurs, attention !

Conscientiser une rose n'est pas en faire un œillet. Et si vous êtes œillet — ou pivoine — ne conscientisez pas les roses. Leur être profond vous échappe.

Soyez simplement lumière. Cela suffit.

Ni horticulteur, ni sécateur.

« De gloire en gloire »

Feux d'artifice... Fusées du 14 Juillet... L'une d'elles s'élance, trait de lumière fugitif dans la nuit.

Le trait s'immobilise, éclate : la gerbe merveilleuse jaillit, s'épanouit. S'évanouit.

Mais de la corolle dont l'œil garde encore l'empreinte, surgit une deuxième tige, un deuxième bouquet.

Un troisième, un quatrième se succèdent dès que le précédent s'éteint.

Image éphémère des « métamorphoses » chères à saint Paul qui « de gloire en gloire » nous transforment.

La grâce dans notre pesanteur ? Non pas une flèche qui monte vers le ciel, continue, mais des successions de lumières et d'ombres.

Mais aussi, toujours plus hautes, plus lumineuses, les approches de la ressemblance de Dieu.

« Nous Lui serons semblables parce que nous Le verrons tel qu'Il est » dit saint Jean.

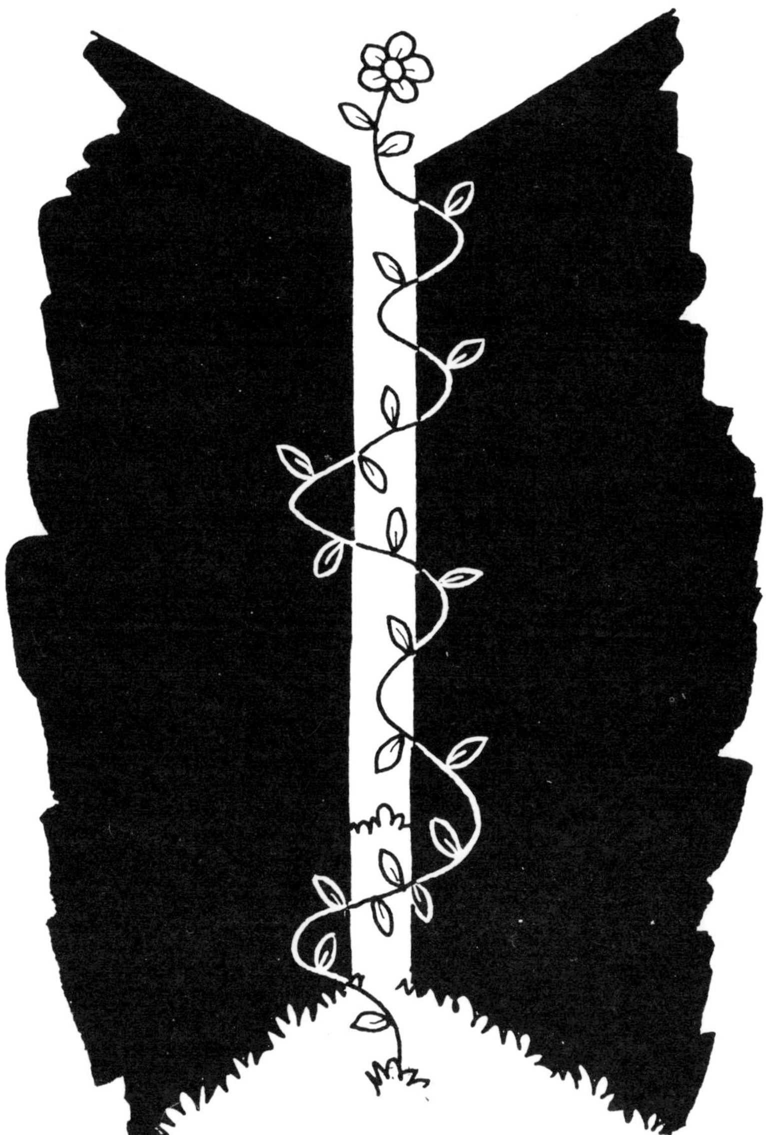

Eve et Adam

Il y a, dit-on, au fond du cœur de tout homme, fils d'Adam, un cochon qui sommeille...

Mais il y a aussi — pourquoi l'oublie-t-on toujours ? — un noble chevalier qui dort.

Eve, qui éveilleras-tu ?

Jamais, tu ne laisses un homme tel que tu l'as trouvé : il sortira de tes mains meilleur ou pire.

Et si tu choisis d'éveiller le chevalier, fais attention à l'autre.

Quant à toi, Adam, ne fais pas l'innocent.

Ne t'excuse pas trop vite : « La femme que voilà m'a tenté. » Toi, qui voulais-tu éveiller en elle ?

Communauté de destin

On se croit, on se veut, on est missionnaire perdu en pleine brousse, locataire d'H.L.M. au cœur des masses, ouvrier d'usine, pauvre avec les pauvres. Plongé en communauté de destin dans l'océan humain.

Quoi de plus immergé dans l'eau qu'un sous-marin ? Dessus, dessous, devant, derrière, l'océan.

Mais quoi de mieux protégé ? Nulle goutte d'eau n'y pénètre jamais.

Tout autre était la barque de l'apôtre Pierre : « Couverte par les vagues de telle sorte que déjà elle se remplissait », « Ils faisaient eau et se trouvaient en danger », disent les Evangiles.

Serons-nous barques de Pierre ou sous-marins ?

Brontosaures et Dinosaures

Dinosaures, Brontosaures, Diplodocus, Tyrannosaures, Ichtyosaures, des millions d'années durant, les grands reptiles de l'ère secondaire furent les maîtres incontestés du monde.

Certains pesant quarante tonnes, d'autres plus hauts qu'un immeuble de dix étages, peuplant terre, mer, ciel, parfaitement sûrs d'eux-mêmes.

En quelques millénaires — un clin d'œil géologique — ils disparaissent du globe. Pourquoi ? Une tête trop petite pour un corps ayant démesurément grossi. Une cervelle d'agneau pour commander une locomotive.

Ils moururent de faim et de sommeil : leur bouche exiguë ne suffisait plus, jour et nuit, à nourrir leur gigantisme.

Une nouvelle espèce les relaya, des animaux pas plus gros que le renard du Petit Prince.

Mais l'homme — d'Etat ou d'Eglise — continue à rêver de Dinosaures. C'est plus fort que lui.

Et parfois, il réussit... Pour disparaître.

Mais que de morts de faim autour de lui.

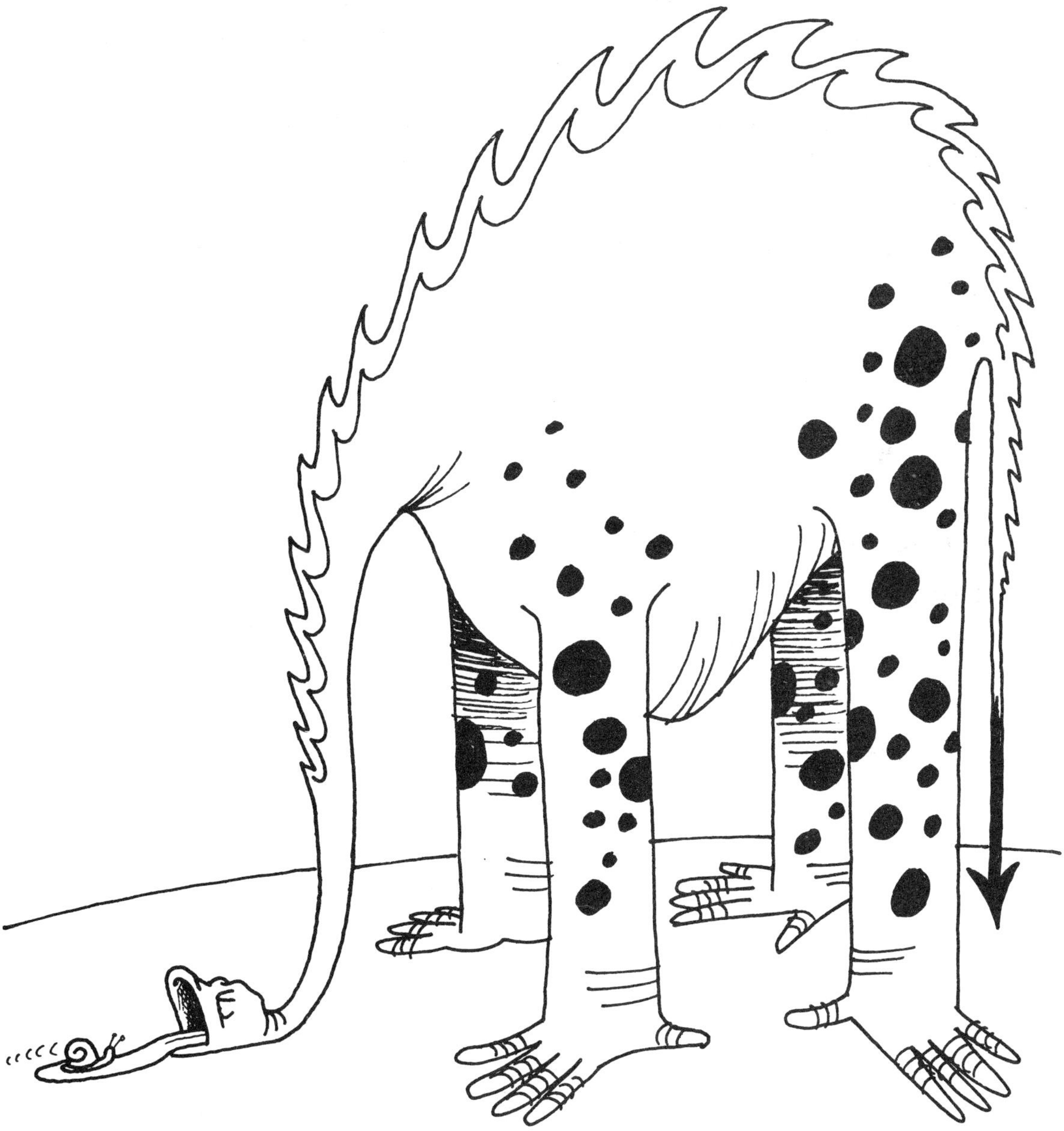

Echelle ou toboggan

Jacob, dit la Bible, eut un songe : « Voilà qu'une échelle était plantée en terre : son sommet atteignait le ciel et des anges de Dieu y montaient et descendaient... ».

Car Dieu n'a jamais voulu d'un toboggan à sens unique « Ciel-Terre », mais d'un va-et-vient.

Comme qui dirait une courroie de transmission : de Dieu à l'homme, de l'homme à Dieu. Un mouvement perpétuel où Dieu s'humanise, l'homme se divinise.

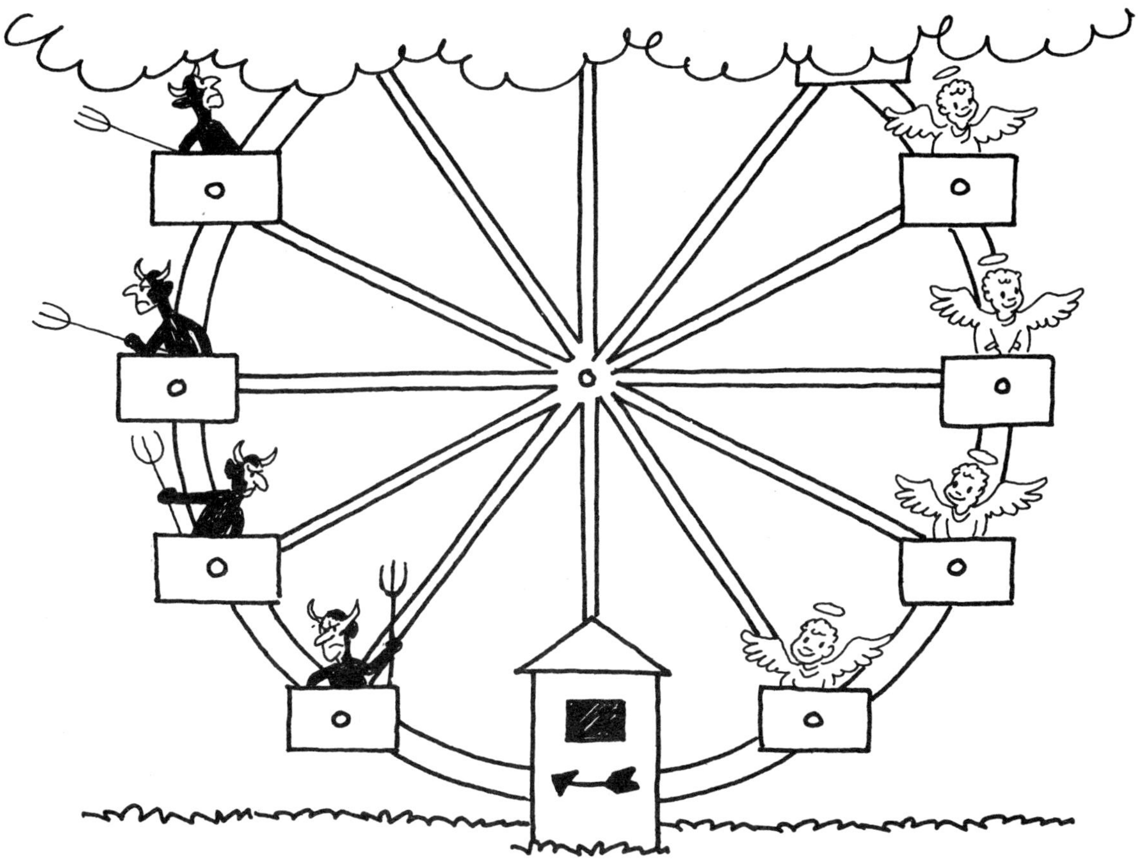

Autoroute et échangeur

Inutile de regarder à droite. Personne ne viendra couper votre route.

Ni à gauche : un rail, une glissière de guidage vous protègent utilement.

On appelle cela un « échangeur ». Mais pour échanger quoi ? Avec qui ?

Cela existe aussi à domicile. On l'appelle alors la télé.

Mais où sont les rencontres de personne à personne ?

L'échangeur d'une pensée, d'une inquiétude ? La réciprocité d'un sourire ? Et même d'une divergence ?

On réclame des échangeurs où l'on se rencontre.

Soleil et contraintes

Centrales électriques et centrales thermiques. Energie hydraulique, éolienne, chimique, nucléaire. Demain, l'énergie solaire. Une grande face plane rigoureusement orientée, captant les rayons du soleil, les renvoyant à un réflecteur parabolique qui, lui, concentre l'énergie solaire sur un seul point.

Pour cela, des milliers de facettes argentées et convergentes, chacune calée en dix points, de façon à posséder la courbure voulue par un dispositif dit de « contrainte ».

Pour nous, le Christ, source unique, « Lumière de lumière ».

Illuminés par Lui, nous devenons l'Eglise dans la mesure où nos miroirs convergent vers l'unité qui est Lui encore.

Chaque miroir n'est rien, mais la convergence des facettes permet d'atteindre des milliers de degrés.

« Qu'ils soient parfaitement Un afin que le monde croie que tu m'as envoyé. »

Et s'il fallait aujourd'hui remettre en honneur « les contraintes » ?

Agriculture ou mécanique

Si Jésus a comparé le Royaume des Cieux — l'Eglise, mais aussi le moindre de nos efforts — au grain de sénevé devenu arbre du jardin, à la vigne avec son cep et ses branches, au grain qui meurt pour porter du fruit, ce n'est point par ignorance de la civilisation technique et mécanique !

Mais parce que son enseignement portait sur la Vie, lui le Verbe de vie.

Comment faire pressentir, au-delà du visible, la vie de la Foi, la Vie tout court ?

Et au-delà du présent, la « petite fille Espérance » ? Et au-delà de la philanthropie, l'« Amour que les grandes eaux ne peuvent éteindre » ?

L'incorruptibilité au-delà de la corruption ? L'éternité au-delà de la tombe ? La résurrection au-delà de la mort ?

Quoi donc pourra faire pressentir Dieu, sinon l'arbre plein de sève qui se renouvelle chaque printemps, sinon les eaux vives jaillissantes en source éternelle, la semence donnant cent pour un, le vin nouveau ?

Et non les carcasses d'autos que l'on jette, les vieilles boîtes de conserves qui se rouillent, encombrantes, inutilisables, mortes.

Les paroles du Christ sont « esprit et vie » : « Je suis la Vie », nous dit-il.

Dieu est le « Vivant ».

Cageots et vrac

Quel art dans l'emballage des primeurs ! Une caissette à claire-voie, légère et solide. A l'intérieur, une couche de frisure de papier, une couche de fruits, une autre couche de papier protecteur, une autre rangée de fruits.

Heureux primeurs qui voyagent en communauté, assez nombreux pour être en bonne compagnie, se garder au chaud les uns les autres ; assez isolés cependant pour ne pas s'agacer mutuellement ni se heurter.

Mais l'homme des grandes villes, lui, fait le voyage de la vie en vrac : cinq, dix mille, vingt mille tonnes de minerais, comprimés, s'écrasant mutuellement dans la même cale de navire.

Qui redonnera à l'homme des communautés à sa taille ? Où l'individu devient une personne accédant à une dimension sociale ?

Des communautés à portée d'homme. Des relations à taille humaine.

Joie (?) de vieillir

Le chardon à la fleur épineuse, devient fruit soyeux et doux.

L'agressivité devient tendresse.

Attention cependant à ne pas semer à tout vent !

Et si l'on n'a pas réussi à sortir de l'adolescence, à ne pas retomber trop vite en enfance.

Esprit et chair

A 20 ans, l'homme qui se veut maître de lui-même, se dit : « A 30 ans, ça ira mieux. »

A 30 ans, il s'aperçoit que ça n'est pas plus facile. Il pense : « A 40, ça commencera bien à se tasser. »

Arrive le démon de midi. Il espère : « A 50 ans, quand même !... A 50 ans : « Vivement enfin 60 ! »

Et à 70, il lit dans la Bible quelques événements qui le rendent réservé pour l'avenir.

Le grand Salomon d'abord : « Quand il fut devenu vieux, ses femmes détournèrent son cœur vers d'autres dieux et son cœur ne fut plus tout entier vers son Dieu. »

Et les deux vieillards de la chaste Suzanne « honteux de s'avouer mutuellement les désirs qui les pressaient ».

Dans les meilleurs cas, les vieux deviennent plus humbles : quand Jésus propose à celui qui est sans péché, de jeter la première pierre à la femme adultère, « ils se retirent un à un, à commencer par les plus vieux ».

A 30 ans, « l'esprit est généreux, mais la chair est faible ». Au soir de la vie, la chair devient débile, l'esprit perd sa générosité. C'est l'heure des mains vides. Heureux qui, alors, attend tout de Dieu : il connaît la sérénité.

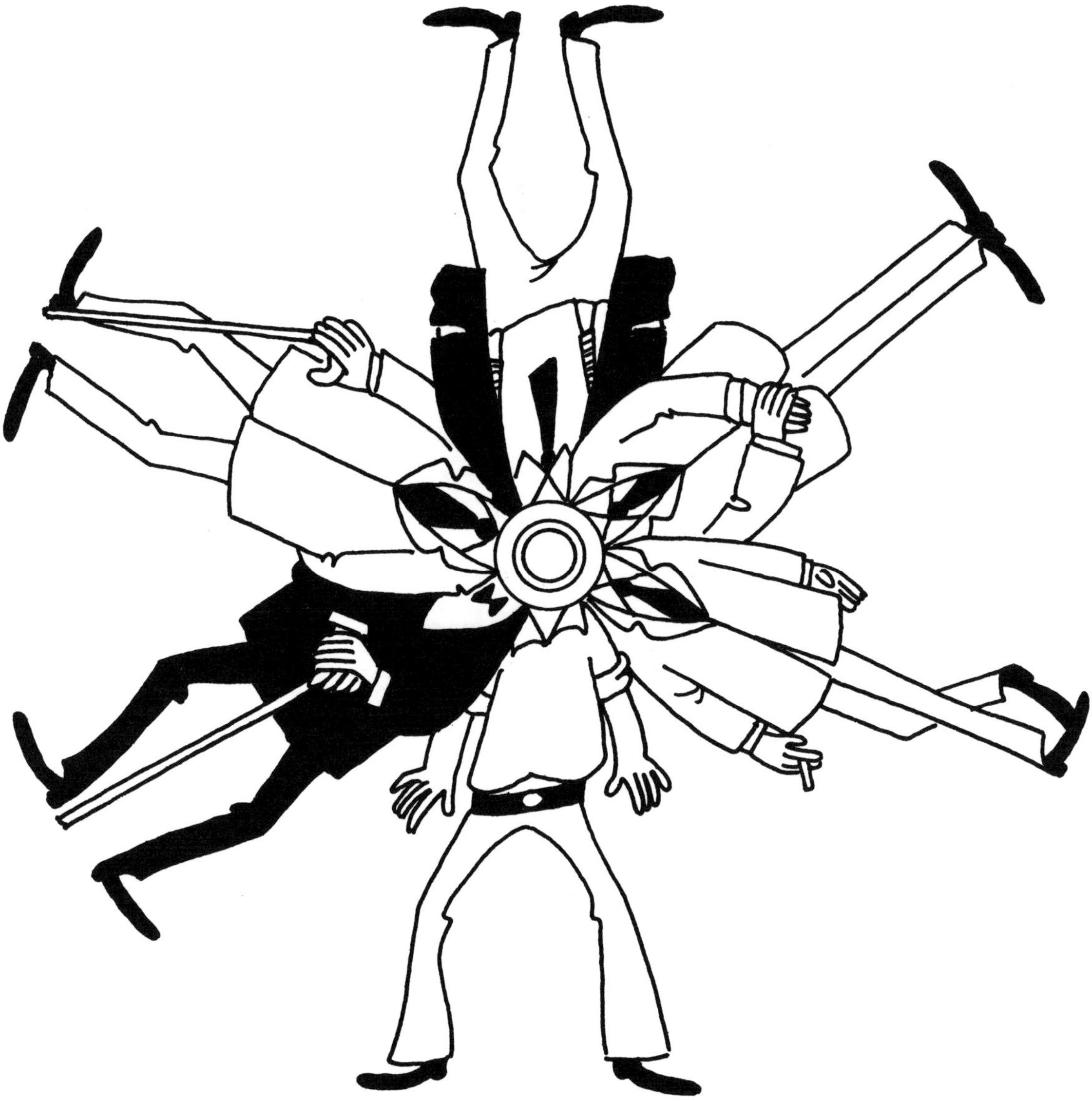

Serviteurs

« Serviteurs de Dieu », oui, avec saint Paul qui ne cesse d'en faire son titre de noblesse. A l'image de Jésus qui, donnant l'exemple, a lavé les pieds des apôtres.

Spiritualité du serviteur, oui, avec François d'Assise, Charles de Foucauld, Vincent de Paul. Et tous les saints.

Serviteurs inutiles, certes, le Christ nous dit que nous le sommes. En même temps d'ailleurs que ses amis.

Mais pas serviteurs étourdis quand il faut renouveler l'huile de nos lampes.

Mais, de grâce, n'imaginons pas Dieu comme un patron toujours pendu à la sonnette pour nous appeler et donner des ordres.

Dieu nous laisse une grande marge de liberté. Nous serions plutôt des « gérants ».

Mieux que gérants : saint Paul parle d'être « en ambassade pour Dieu ».

Communion

« Etre en communion avec », une grande et belle réalité qui va plus loin que nous ne le pensons.

Car ce mot de communion signifie bien plus que l'union dans un même état d'esprit.

Quel en est l'origine ? On pense tout de suite au mot union, « com-unio », « unité-avec », une commune-union d'êtres qui ne feraient qu'un.

Or, c'est inexact. Communion vient de cet autre mot latin « munus » qui, lui, signifie fonction, tâche, charge.

Ainsi, la communion naît du « fardeau-porté-avec », de la tâche commune.

De ce poids partagé naîtra la joie de l'amitié.

« Portez les fardeaux les uns des autres et accomplissez ainsi la loi du Christ », dit saint Paul.

Cette communion-là ne trompe pas.

Jus et salade

On rêve de communauté où chacun, censément, serait le tout de l'autre.

Non pas comme des pommes sur le pommier où chacune est finalement pour soi et le soleil pour tous.

Ni comme des fruits dans une même corbeille : il y a diversité, mais juxtaposée.

Alors, on invente la communauté passée dans la moulinette ou le mixer. Tout y passe en effet : la peau, les pépins. Il en sort un jus uniforme plein de vitamines. Mais chacun y a perdu sa personnalité.

C'était, dit-on, le résultat de certains ordres religieux, autrefois. C'est peut-être, aujourd'hui, l'idéal de telle communauté de base où l'on ne sait plus très bien reconnaître laïcs, religieuses, gens mariés, célibataires.

Une solution meilleure ? La salade de fruits. Chacun reste lui-même : poire, pomme, banane, ananas. Et chacun bénéficie du goût propre de l'autre.

Mais à une condition : accepter évangéliquement d'être coupé en quatre, dix ou douze morceaux si l'on est un beau, gros fruit.

Seuls, les très humbles restent entiers : une cerise, un grain de raisin, une groseille.

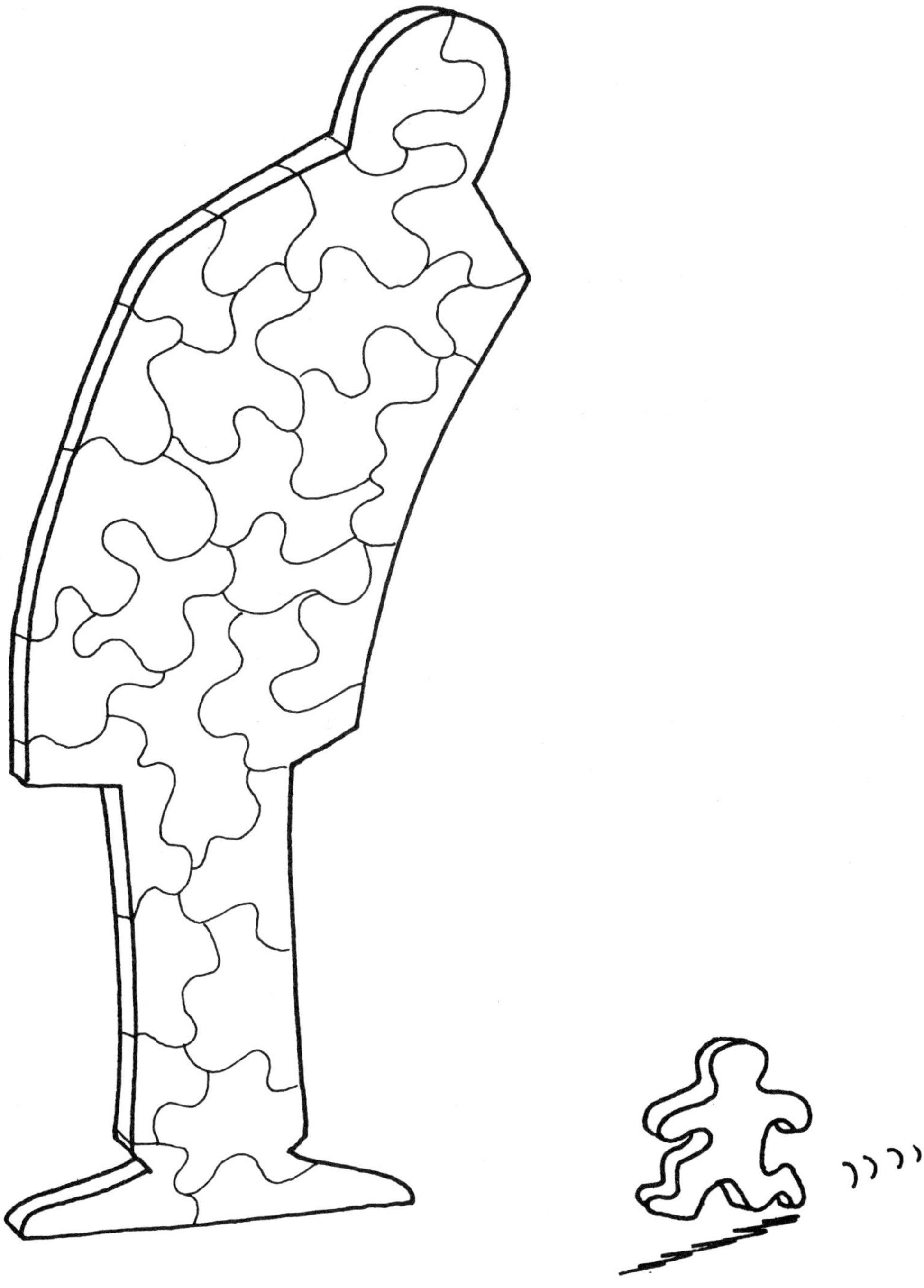

Manchots

« Que l'homme ne sépare pas ce que Dieu a uni »,

« Il fallait faire ceci et ne pas omettre cela »,

Deux indications précieuses, applicables bien au-delà des situations précises où elles furent données.

Ne pas séparer — donc ne pas opposer — Dieu et l'homme, la pensée et l'action, l'action et la contemplation, l'intellectuel et le manuel, le corps et l'esprit, l'esprit et le cœur.

Mais aussi, droite et gauche, tradition et progrès, les quatre saisons et les âges de la vie, les choses neuves et les anciennes.

La liste peut s'allonger sans fin.

« Une main ne peut se laver seule : il lui faut l'autre », dit la sagesse africaine.

Devant Dieu, nous sommes tous plus ou moins des hérétiques, des gens qui « choisissent » l'un contre l'autre.

Et, de ce fait, des manchots.

COURRIER LENT
COURRIER RAPIDE
PARIS
PROVINCE
BANLIEUE
PAR AVION
P.T.T

Le cœur au frigo

« Là où est ton trésor, là sera ton cœur. »

Le passage vers plus de confort est difficile.

Chacun, un jour, a rêvé de posséder un réfrigérateur. Sou par sou, il a économisé de quoi payer le premier acompte. Il l'a, maintenant, son frigo, si longtemps désiré.

Et le voilà qui met son cœur dedans puisque « là est son trésor ».

Et son cœur, dans le frigo, se refroidit. (Un réfrigérateur, c'est fait pour ça.)

Son cœur ne brûle plus pour les autres : voisins, amis, Dieu, syndicat.

La solidarité ? « Que chacun se débrouille, j'ai mes traites à payer. »

Il est pourtant des trésors dont la possession réchauffe le cœur. L'argent, la richesse, jamais.

Un encombrant vieil homme

« Abandonnant la dépouille du vieil homme et de ses agissements, nous revêtons l'homme nouveau », voilà ce que saint Paul nous propose.

Le vieil homme ? Nous espérons toujours l'étrangler d'un seul coup, une fois pour toutes. Mais non, dit le même Paul. Le vieil homme « va, se corrompant peu à peu, au fil des convoitises décevantes ».

Pis que cela. Vieillissant avec nous, il devient davantage vieil homme, de jour en jour, d'année en année, de plus en plus ratatiné, racorni. Vieil homme au carré, au cube...

Que sa présence, cependant, ne nous obsède pas. Il n'est plus que « dépouille ». « L'Homme Nouveau créé selon Dieu dans la justice et la sainteté de la vérité », est déjà vainqueur.

Et l'encombrant vieil homme tyrannique n'est plus qu'un « petit vieux ».

Dieu pauvre

Une question : pourquoi Jésus est-il né petit et pauvre ?

Certainement pour témoigner de son amour des petits et des pauvres et nous y inviter à notre tour.

Mais il y a une autre convenance à son humble nativité. Rien n'est digne de Dieu, rien n'est à sa hauteur pour l'accueillir. Aucun ornement, aucun palais, aucune sagesse humaine.

Alors Dieu choisit là où il n'y a rien, car là ne se trouvent pas de dérisoires concurrences !

Dieu vient là seulement où il est tout.

A la crèche, dans la pauvreté de fait.

En Marie, dans la pauvreté du cœur.

Si mon cœur devient crèche, Dieu se fera tout petit pour y revenir.

Une histoire de limaçons

Nous avons tous connu des jardiniers passionnés de leur jardin. Mais celui-là, les dépassait tous. Chaque fleur, il la connaissait, avec le papillon adapté à chacune.

Et le soir, quand la brise balançait tendrement le feuillage des bouleaux, le bon jardinier jouissait du bonheur de chacune dans ce coin de paradis.

Mais un jour, tout se détraqua : dans le fond du jardin, notre homme vit des limaçons malheureux et mécontents.

N'avaient-ils pas de quoi manger ? Vite, il planta une belle salade pour chacun.

Rien à faire ! Trois se disputaient la même laitue, laissant les autres pourrir sur place.

Et quand l'une des limaces rencontrait l'autre, elle lui faisait les cornes et exprimait son mépris en répandant une grosse énorme bave.

La paix avait déserté le cœur du bon jardinier : « Est-ce possible ? Dans mon jardin... »

Alors, le jardinier se mit à parler à chaque limace.

Mais les limaces n'entendent pas le langage des jardiniers.

Alors, le brave homme soupirait : « Ah ! si je pouvais devenir limaçon à mon tour ! Je leur parlerais alors dans leur propre langue, doucement, paisiblement et avec tant de conviction qu'ils trouveraient enfin le bonheur dans mon jardin... »

Faut-il en dire davantage ? Sinon qu'il y a infiniment plus de distance entre Dieu et l'homme qu'entre le bon jardinier et les limaçons.

Et que ce qui est impossible aux hommes, est possible à Dieu.

Mais il y faut un amour déroutant à la taille de Dieu même.

Il était un Roi

Il était un Roi très bon. Mais il y avait tant de rouages entre lui et son peuple, que celui-ci ne le connaissait plus. Ce peuple, comme tous les peuples du monde, était malheureux.
Aussi, le Roi envoyait-il des ministres, des médecins, des instituteurs, des assistantes sociales et même des curés aux provinces les plus éloignées.
Mais certains messagers du Roi ne savaient pas comment s'y prendre, d'autres en profitaient pour se remplir les poches.
Le Roi décida de faire une tournée personnelle dans son royaume. Dans chaque ville, l'on organisait des réceptions : grands banquets, fêtes, préfets, musiques...
Massé sur les grands boulevards, le peuple qui se laisse toujours prendre à ce genre de spectacle, criait : « Vive notre Roi ! » et agitait de petits drapeaux.
Mais à peine les dernières fusées des feux d'artifice éteintes, chacun se retrouvait aussi malheureux qu'avant et même un peu plus : « Pourquoi, ne suis-je pas né dans la peau du Roi, ou au moins dans celle de l'un de ses courtisans ? »
Le Roi réunit son entourage : « Je donne à mon Premier ministre pleins pouvoirs pour gouverner le royaume en mon absence. Quant à moi, inconnu de tous, je vivrai au milieu du peuple, travaillant de mes mains. Le soir, je réunirai quelques voisins. Un jour, ils comprendront qui je suis. »
Naturellement, le chef du protocole intervint pour faire les objections que vous devinez : le respect dû au Roi, le mauvais accueil d'un peuple grossier, et il conclut :
« Majesté, quand vous aurez réussi à rendre heureux une douzaine de voisins, vous serez bien avancé ! Des dizaines de millions d'hommes resteront malheureux.
— Mon ami, lui répondit le Roi, je ne t'ai pas attendu pour me faire la même objection... Voilà ce que j'ai pensé : j'apprendrai à ma douzaine de voisins à en faire autant, chacun avec trois, quatre ou dix, selon ses possibilités. Si chacun communique ainsi un peu de son bonheur à ses proches, tout mon royaume sera transformé. »
Fais-le, ça se fera. Et l'exemple nous est venu de haut.

Le fil à nœuds

« Parce que je me suis tu, mon silence usait mes os », dit le Roi David, sa conscience souillée.

Et après son aveu : « Tu m'environnes, Seigneur, par les chants de la délivrance. »

C'est donc une belle affirmation de la Bible et de la théologie : le pécheur, après une confession sincère, jouit d'une intimité avec Dieu, plus haute qu'avant son péché.

La brebis perdue et retrouvée, le retour de l'enfant prodigue, ne disent-ils pas cela ?

Ce qu'un rabbin explique ainsi :

« Chacun de nous est relié à Dieu par un fil. Lorsque quelqu'un commet une faute, le fil est rompu. Mais lorsque cette même personne regrette sa faute, Dieu fait un nœud dans le fil et voilà que le fil est plus court que jadis. »

M'est avis que le fil finira bien par ressembler à une corde à nœuds facilitant doublement la rencontre.

Dieu tire le bien du mal : c'est même sa spécialité « Le mal que vous aviez pensé me faire, Dieu l'a pensé en bien... » dit Joseph à ses frères.

Mais Dieu tire aussi très bien le bien du bien.

« Mes » pauvres

« On a souvent besoin d'un plus petit que soi », sagesse du fabuliste, mais pas aussi évidente ni aussi simple qu'elle en a l'air.

Certains — dévoués jusqu'à la corde — n'auraient-ils pas besoin du fameux plus petit pour donner libre cours à leur fureur de protéger, voire de dominer, de se valoriser soi-même, du même coup ?

Et lequel d'entre nous, dans ses dévouements ne ressemble — plus ou moins finement — à Monsieur Perrichon ?

Il n'y a pas que les dames d'œuvre abusives d'autrefois à vouloir un pauvre bien pauvre, mais poli, pas trop sale et qui le reste suffisamment longtemps pour qu'on n'ait pas à en chercher un autre.

Tentations des pays riches, aujourd'hui...

« Avoir besoin du plus petit que soi » demande peine et apprentissage.

Et d'abord, est-il vraiment plus petit ? La réponse est loin d'être évidente si l'on passe du visible au caché.

Besoin du plus petit pour recevoir de lui son enseignement, la sagesse des malheureux et des pas-grand-chose.

Et si l'amour des plus démunis n'est pas conjoint à l'amour des plus proches et des plus favorisés, c'est bien mauvais signe.

« Est-ce que c'est l'amour du pauvre qui vous pousse ou la haine du riche ? » demandait à des prêtres excités et généreux un Gandhi brésilien.

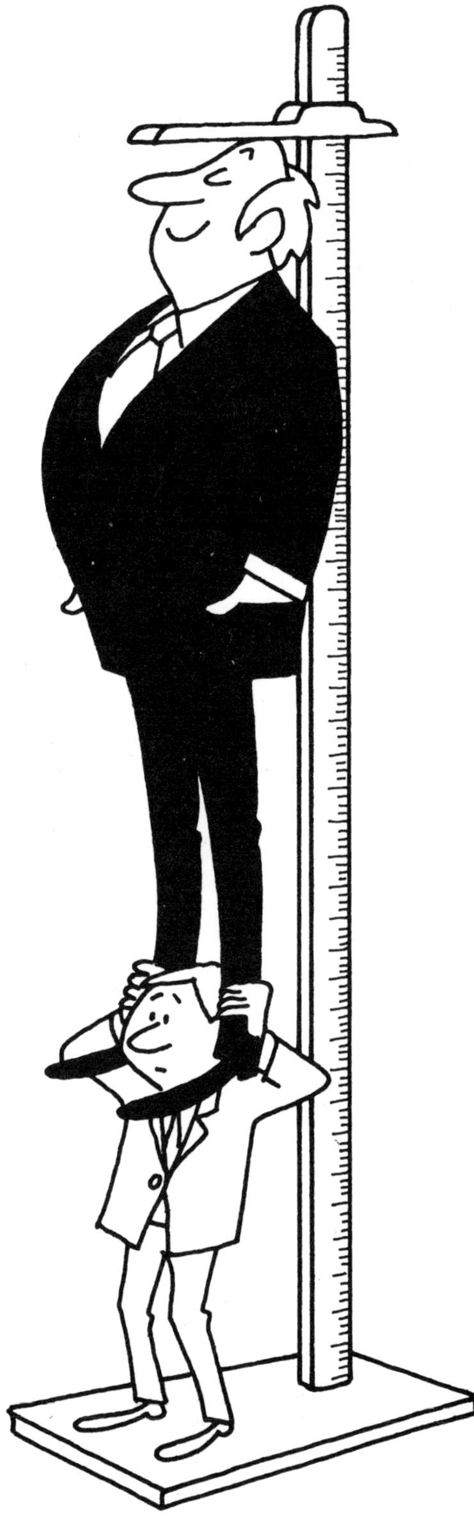

Un outil de bonne trempe

De bonne trempe, il faut l'être pour suivre le Christ. N'importe quel morceau de fer ne suffit pas : il faut que tu deviennes un acier spécial, plus résistant que le monde auquel tu seras affronté : c'est l'œuvre de la prière et de l'étude.

Il ne suffit pas d'être de bonne trempe : l'outil doit être affûté. Tu devras donc passer à la meule. Tu acceptes que tes frères te prennent en main pour cela.

Bien plus tard, tu pourras alors être placé sur le tour, mais ce sera encore l'équipe — l'Eglise — qui t'y placera, te serrera dans le mandrin.

Tu apprendras à tes dépens qu'un outil ne doit pas avoir de jeu (ni de « je »)...

Alors, tu pourras entamer *toi-même* le métal du monde. Tu pourras lui donner la forme du Christ.

Mais tu rencontreras encore et toujours les longues patiences nécessaires : si tu veux aller trop vite, tout grippera et risquera de casser (toi aussi !).

Cependant, le meilleur outil s'use : il s'émousse, perd son tranchant. Alors, l'équipe reprendra sur toi son travail d'affûtage, peut-être même de trempe... Ne pas vouloir rester jusqu'à la mort le même instrument. Etre disponible.

« Bon et fidèle serviteur »

Spiritualité du serviteur.

Qu'on le veuille ou non, démodée ou non, il n'y a pas de solution de rechange.

Ni une profession libérale, ni l'artisan indépendant qui agit à sa guise et fait ce qu'il lui plaît, encore moins le bricoleur de génie touche à tout.

Un serviteur, cependant, au sommet de la liberté, car il donne sa vie librement : « Je sais en qui j'ai mis ma foi. »

Pas forcément un super-instrument, la machine transfert ultra-moderne.

Peut-être simplement, le balai ou la pelle ou la poubelle. Mais il y a de bons et mauvais balais, des pelles plus ou moins commodes, des poubelles impraticables.

Et si Dieu t'a donné des talents rares et précieux, ceux-ci ont encore davantage besoin d'être soigneusement vérifiés. Rien n'est plus agaçant qu'une machine sophistiquée, toujours en panne pour des bricoles.

« Il faut du fumier pour mettre au pied de l'arbre. Si au moins, j'en étais du bon. »

Cette spiritualité, mélange mystérieux d'action et de passion, a fait les apôtres de tous les temps.

EN PANNE
ROBOT DÈPANNEUR

Coquille ou colonne vertébrale

Quand, après 1945, nous allâmes « au cœur des masses », nous avons senti le poids des scléroses, des routines, des coquilles trop protectrices. Un chevalier en armure du Moyen Age égaré dans le métro.

On a, alors, pièce par pièce, dépouillé l'armure : casque, cornette, soutane, clôture, les « Révérends Pères » par-ci et les « chères Mères » par-là, le nez dans le bréviaire en voyage, tout y est passé. Enlevées, ces coquilles qui empêchaient mobilité, contact et, finalement, évangélisation des hommes.

Il n'y avait plus assez d'orties pour tant de frocs.

Fini le temps des invertébrés au corps mou, protégés par leur coquille : huîtres, escargots, moules ou, au mieux, écrevises ou homards (les grosses légumes ecclésiastiques).

Tout cela, il fallait le faire, même maladroitement.

Mais voilà : quand la nature est passée des invertébrés aux vertébrés, elle a justement remplacé la coquille externe par le squelette intérieur.

Enlever la coquille sans inventer la colonne vertébrale, c'est se mettre à la merci du premier poisson venu qui vous gobe, qu'il s'appelle Ernestine ou Karl Marx.

Mais quelle colonne vertébrale ?

— La Parole de Dieu. Non pas saupoudrant nos vies, comme du sucre sur un gâteau.

La Parole de Dieu, lue, méditée, soufferte, priée.

Seule, elle est capable de tenir l'homme debout.

Le temps des racines

A la manière d'un arbre, la Foi grandit d'abord en profondeur. Elle pousse ses racines dans l'obscurité, jusqu'à la source des eaux vives.

La Foi, c'est le temps des racines qui cherchent. Oui, qui cherchent la Parole de Dieu, qui cherchent le réenracinement dans l'Histoire de l'Ancien et du Nouvel Israël.

Alors, seulement quand les racines ont rencontré la nappe d'eau, le feuillage peut se déployer en hauteur. On vivra alors le temps de la ramure, le moment où les oiseaux du ciel — dans la Bible, tous les sans-Dieu et les sans-espérance du monde — viendront se poser sur les branches.

Pousser des racines dans le sol sera toujours difficile, pénible même. Etre pressé par la terre, comme étouffé, contourner les pierres, dépasser les couches d'argile stérile.

La nuit de la foi n'est pas qu'une image : c'est sa condition même, celle du grain jeté en terre qui meurt pour, plus tard, porter du fruit.

Attention aux faux arbres : arbres de Noël synthétiques, plantes d'appartement avec feuilles, mais sans racines. Jamais un oiseau n'y fera son nid.

Prière

Beaucoup imaginent la prière comme le filet du cirque, accueillant l'acrobate qui a raté son numéro : grâce à lui, grâce à elle, le maladroit ne se cassera pas tout à fait la figure ! (Ça ne serait déjà pas si mal !)

Et le « je suis foutu », le « M... » ou le « Maman » qui accompagnent la chute sont déjà spontanément prière, appel au secours.

Si elle n'est pas bouée ultime de sauvetage, la prière n'en est pas moins « l'admission quotidienne de notre faiblesse » (Gandhi).

Mieux : elle est le fil spécial, le téléphone rouge, le « Parle, Seigneur, ton serviteur écoute » du petit Samuel.

Elle est la grappe qui se laisse mûrir au soleil, ce « quelque chose qui dit oui » en nous à Dieu (Claudel). Elle devient louange, joie, lumière.

Les sociologues devraient s'en occuper. Elle est, qu'on le veuille ou non, cette frontière qui sépare les hommes en deux camps. Non pas les « bons » et les « mauvais », mais ceux qui savent qu'il y a un *plus* au-delà de l'horizon et ceux qui l'ignorent. Tierno Bokar, le sage musulman de Bandiagara, disait : « La foi et l'incroyance sont comme deux champs contigus. La prière marque leur limite. Celui qui prie est appelé fidèle, quel que soit le poids de ses péchés. Celui qui ne prie pas est infidèle, quelle que soit la sagesse de sa vie. »

Nuit et brouillard

La nuit n'a jamais arrêté le pèlerin, le navigateur ou le soldat.

Une lampe de poche ou les étoiles permettent d'avancer dans l'obscurité. Même si tout le reste échappe au regard, les phares éclairent la portion de route voulue.

Il n'en est pas de même du brouillard nordique, de la tempête de sable du Sahara, de la poudrerie de neige canadienne.

Le voyageur ne sait plus où il est, les bords de la piste disparaissent. Le précipice est à un pas. On peut tourner en rond et mourir à vingt mètres du refuge. La voix elle-même est étouffée.

Le chrétien avance dans la nuit parfois dense, sa foi est « lumière qui luit dans les ténèbres » et il aime, dans cette obscurité, chanter le Psaume : « Ton Verbe est une lumière sous mes pas. »

Sans la foi, nous passons de la nuit au brouillard. Où aller ? A quoi bon avancer ? Tout devient confus, obscur. Nous sommes des enfants de la brume. Perdus.

Le scaphandrier

Il arrive qu'un navire abordant un port ait son hélice prise par les débris qui flottent entre deux eaux. Parfois, un câble s'enroule autour de l'hélice : le bateau ne peut plus avancer.

Le port envoie alors un scaphandrier qui plonge, essaie de désenrouler le câble. En liaison avec l'équipage du navire, il fait tourner l'hélice dans un sens et dans l'autre jusqu'à ce qu'elle soit dégagée.

Le navire, c'est le monde. Le port, c'est l'Eglise (le port du Salut !).

Le câble malencontreux, les débris qui encombrent les basses eaux du port ? Tout ce qui arrête la découverte de Dieu.

Quant au scaphandrier, c'est le « missionnaire », celui qui essaie de faciliter l'entrée du navire dans le port. Envoyé par le port, il travaille avec l'équipage. Par la synchronisation de leurs efforts, le navire pourra reprendre sa marche, entrer dans le port.

Le rôle du scaphandrier n'est pas d'être un meneur du navire lui-même. Comme Jean-Baptiste, il enlève les obstacles.

Son travail est difficile. Un câble, une pointe peuvent percer son scaphandre.

Il faut surtout qu'il reçoive l'oxygène nécessaire pour respirer et travailler sous l'eau.

Comprenne qui pourra !

La mue des serpents

Comme le serpent use ses écailles, il faut, de temps en temps, qu'il remplace sa peau.

Au moment donc de la mue, le serpent se met dans quelque coin à l'abri : une nouvelle couche de peau et d'écailles se prépare sous l'ancienne.

Durant tout le temps nécessaire, le serpent reste les yeux fermés, car la peau de ses paupières doit se renouveler aussi. Quand tout est prêt, la vieille peau devenue inutile se retourne comme un gant. Le serpent peut rouvrir ses yeux.

Dans les métamorphoses et les mutations de notre vie, lorsqu'il nous faut changer de peau, nous sommes, durant un temps, le regard fermé.

Nous ne voyons plus clair, nous ne comprenons pas cet événement si obscur. L'apôtre Paul, sur le chemin de Damas, « quoiqu'il eût les yeux ouverts, ne voyait rien ».

Nous n'avons même aucun souvenir d'avoir jamais vécu quelque chose de semblable.

En réalité, Dieu prépare la nouvelle attitude de notre être.

Le moment venu, la vieille peau s'en va : « aussitôt il lui tomba des yeux comme des écailles » est-il encore dit de Paul.

Nos yeux s'ouvrent à nouveau. Nous découvrons l'œuvre du Seigneur. « Voici, je fais toutes choses nouvelles. »

Noël

Les fusées et les satellites abordent les autres planètes : le million de kilomètres est centimètre à cette échelle.

A l'inverse, le microscope électronique franchit le mur des millioniêmes de millimètres.

Le temps, lui aussi, s'est élargi : les grottes préhistoriques, l'homme des cavernes, sont nos tout proches ancêtres en face de l'hominisation progressive de notre espèce : les années par millions défilent sous nos yeux.

En dix ans, le monde a grandi démesurément.

Que pèse dans tout cela le mystère de Noël ?

Il devient plus étonnant encore.

Toujours aussi simple : un enfant, une mère !

Mais l'élargissement prodigieux du monde actuel donne au mystère de Noël une dimension nouvelle, car la hauteur et la largeur du cosmos, la profondeur de la durée, convergent vers ce centre de l'espace et du temps, la crèche de Bethléem : « Or, en ces jours-là, parut un édit de César Auguste ordonnant le recensement de toute la terre..., Quirinius étant gouverneur de Syrie. »

Réalisme de la foi contre toute idéologie. Dieu se dit dans l'histoire.

Flamme

Cette main protectrice de la flamme, qui lui permet de monter haute et droite, d'éclairer sans éblouir, elle nous dit que le plus lumineux message a besoin d'être soutenu et protégé pour ne pas être à la merci de tous les vents contraires.

En chacun de nous, ce Christ-lumière qui brille dans les ténèbres a besoin de trouver des certitudes non seulement de foi, mais (il faut oser prononcer ce mot) de mœurs : une vie disciplinée et consistante.

La lumière a besoin d'un environnement. Une vie chrétienne ne se bâtit pas sur une vie d'homme sans rigueur.

Elle est, certes, compatible avec notre péché (sinon pourquoi le Christ serait-il Sauveur ?), mais à condition que nous nommions clairement mal ce qui amollit et désintègre.

L'humanité de chacun de nous a vite fait de vaciller quand elle coule de tous côtés comme une bougie qui penche.

Océan sous terre

Sous l'aridité du Sahara s'étend, le dernier écolier le sait, une mer immense. Lorsque la nappe souterraine affleure, fleurit une oasis merveilleuse.

Mais partout, il suffirait de forer les sables jusqu'à la rencontre des eaux pour faire naître des oasis aussi belles.

Creuser suffisamment profond.

Dans l'aridité de certains déserts humains — ces déserts que sont des cités aux millions d'habitants — tout croyant est un poste de forage vers la nappe d'amour inépuisable, le Dieu caché inconnu qui peut étancher toute soif.

« Le désert fleurira. » Cette phrase de la Bible est toujours actuelle.

On embauche des foreurs.

La feuille qui ne voulait pas d'eau

Il était une plante,
toute jeune, qui donnait de grandes espérances.

Elle avait exactement quatre feuilles.

Quatre jolies feuilles,
luisantes de rosée et de soleil.

Un jour, ces quatre feuilles tinrent — c'est la mode — une réunion d'équipe.

L'une d'entre elles déclara que sa vocation consistait, certes, à rester unie au petit arbre naissant, mais que, désormais, elle avait décidé de se passer d'eau. Question de régime personnel : « Que ses coéquipières étudient la question et, bien entendu, respectent sa liberté. »

Les trois autres feuilles étaient si pleines de bonnes dispositions qu'elles décidèrent d'accepter ce que leur coéquipière leur demandait.

On installa un ingénieux système de parapluie : par beau temps, on fermait le parapluie. On l'ouvrait dès que la pluie menaçait.

Hélas, le petit arbre si prometteur donna des signes de dépérissement et mourut.

Chaque feuille fut emportée par le vent.

Qu'aurait-il fallu faire ? Demander à la feuille qui ne voulait pas d'eau, d'aller ailleurs ? Chercher un compromis ?

Il est des équipes où pour respecter la liberté de l'un, on n'a pas respecté la liberté des autres.

Et, finalement, toute l'équipe est morte.

Tu sauras tout

Le cher Abbé-Cardinal Journet disait :

« Des années durant, chaque jour, je voyais un homme passer sous mes fenêtres. Parfois, je le croisais dans la rue.

Son existence ne faisait pas de doute et son pas m'était familier. Mais, de lui-même, j'ignorais tout.

A peine, pouvais-je dire : « Il me semble ne pas l'avoir aperçu ces jours-ci. »

Un jour, ce passant inconnu et connu frappe à ma porte : « J'ai besoin de vous parler. J'ai un secret que je ne puis taire plus longtemps. Ecoutez-moi ! »

L'inconnu dit qui il est. Il sort de l'anonymat. Il s'explique sur lui-même.

Sa vie, ses espérances, ses déceptions, je sais maintenant tout cela à travers les faits concrets de son existence.

Il s'est révélé à moi. »

Ainsi, le penseur aboutit au « Dieu des philosophes et des savants ». Il affirme son existence et ses traces. Il le connaît comme inconnu.

Mais le plus humble chrétien est entré dans l'intimité divine parce que Dieu est venu « chez lui et a fait en lui sa demeure ».

Dieu s'est révélé, « le Dieu d'Abraham, d'Isaac, de Jacob ».

Son nom, son dessein sur l'homme, sa patience aussi inaltérable que sa tendresse, il nous les a fait connaître.

Davantage encore, il nous dit son être le plus caché : « Les secrets de mon Père, je vous les ai fait connaître » a dit Jésus.

Les étoiles du jour

Les savants l'ignorent, mais les vieilles nourrices de tous pays le savent et le racontent : à côté des étoiles de la nuit, existent, incomparablement plus chatoyantes, les étoiles du jour. Infiniment belles, ces étoiles ne peuvent être aperçues que par celui qui se penche au bord d'un puits profond : là, sur la flaque d'eau sombre et lointaine, il verra scintiller le reflet de lumière des merveilleuses et invisibles étoiles du jour.

Et s'il ne voit rien, il devra chercher un puits plus profond encore, une eau plus noire et sans ride aucune.

Peut-être même, au lieu de regarder d'en haut, faudra-t-il qu'il descende lui-même dans la profondeur vertigineuse jusqu'à la nappe d'eau souterraine. Alors, *du fond du puits,* miroiteront à ses yeux les étoiles du jour.

Ainsi, certaines vies, que la douleur a plongées dans la ténèbre la plus noire, sont, dans l'humanité entière et pour elle, ces puits profonds où se reflète cette étoile du jour, la plus belle de toutes, qui se nomme l'Espérance...

Photosynthèse

Chaque feuille d'arbre est un prodigieux miracle. Avec la sève qui vient des racines, par le soleil qui l'inonde de lumière, la matière inorganique se transforme en vie.

Toute vie — les hautes pensées, la sainteté sublime — est ainsi suspendue au miracle de la feuille verte et de la photosynthèse.

Si une feuille d'arbre par malheur se disait : « Je n'ai pas besoin du soleil », très vite, elle deviendrait flasque, jaune, sans grâce ni beauté : la vie la quitterait peu à peu.

Chacun d'entre nous est feuille du grand arbre de l'Eglise. Le soleil qui nous illumine est « le soleil de justice », le Christ. La prière, c'est de laisser agir la photosynthèse de la grâce.

Si, comme la feuille, nous nous dispensons de cette lumière, très vite nous aussi serons mous, flasques, flétris dans notre être et notre agir.

Mais si la même feuille venait à dire : « Je veux le soleil pour moi seule », qu'elle se coupe de l'arbre et aille s'étaler sur la place, au bout de quelques heures elle serait sèche et morte.

De même pour nous, dès que nous nous détachons de l'Eglise, de notre groupe, de notre équipe.

La grâce est ainsi faite d'une mystérieuse alchimie de solitude et de communion.

Non pas d'habiles dosages, mais deux composantes qui s'appellent l'une l'autre, se compénètrent et se vivifient mutuellement.

L'Eglise est le Corps du Christ dans sa vitalité la plus intime : chaque cellule reliée à la tête, chacune unie à toutes les autres.

Voir Dieu ?

Pourquoi Dieu se montre-t-il si peu ? Question toujours posée : « Fais-moi, de grâce, voir ta gloire », disait déjà Moïse.

Question absurde ? — au moins irréfléchie.

Si le réacteur d'une pile atomique venait à s'emballer et qu'on ne puisse l'arrêter, il se passerait Dieu sait quoi ! Volatilisant blindages et bétons, s'enfonçant dans la terre, il pourrait, dit-on, la traverser de part en part.

Ce n'est point pure science-fiction : les savants ont donné le nom de « Syndrome Chinois » à cet éventuel accident où un réacteur américain ressortirait en Chine !

Car le difficile n'est pas de faire exploser l'atome, mais bien de le freiner.

Ainsi la Gloire de Dieu ! Nous serions littéralement volatilisés, atomisés si elle ne se voilait pas.

Ils le savaient bien les Hébreux de la Bible qui se couvraient la face dans la crainte que leur regard ne se fixât sur Dieu : « On ne peut voir Dieu sans mourir » disaient-ils.

Et Moïse, lui-même, ne put voir Dieu que de dos.

Mais justement, mourir, c'est rencontrer Dieu « face à face ».

Jésus est Dieu mis à la mesure de notre regard.

Arbres en marche

On dit les arbres immobiles. L'arbre n'est pourtant pas rivé au sol. Il avance, il marche de proche en proche.

Il marche, immortel, par ses graines.

Disséminées par le vent, portées au loin par les ruisseaux et les fleuves, transportées par les oiseaux ou accrochées aux toisons des animaux, les semences de la forêt germent aux quatre coins de la terre.

Si l'arbre meurt dans ses branches, son tronc et ses racines, par ses graines il vit sans fin ni limite.

Ne gémissons pas devant nos institutions branlantes ou nos maisons lézardées. Peut-être ont-elles fait leur temps...

L'important, c'est de disséminer les graines au loin. En langage évangélique, les semences sont la Parole de Dieu quand elles germent dans le cœur d'une bonne terre qui « portera du fruit par sa constance ».

Chaque fois qu'une personne, enfant, homme, vieillard, bien portant, malade, analphabète ou savant, chaque fois qu'une personne humaine rencontre le Dieu vivant en Jésus-Christ, une lumière s'allume, qui brillera pour l'éternité.

« Et la parole de Dieu croissait et se multipliait » disent les Actes des Apôtres.

Table des matières

Cet ouvrage, composé en Souvenir
par Composia, à Sceaux,
a été achevé d'imprimer sur
les Presses de l'Imprimerie Carlo Descamps,
à Condé-sur-l'Escaut,
pour le compte de la
Librairie Arthème Fayard,
75, rue des Saints-Pères à Paris.

I.S.B.N. 2-213-00602-4

N° d'édition 5787. Dépôt légal : 1er trimestre 1979
N° d'impression 1726

H/35-6380-6